KÜSTENZAUBER AN DER NORDSEE

Andrea Klimke-Hübner

KÜSTENZAUBER AN DER NORDSEE

Mein Garten mit Dünengras, Friesenwall und Meer

ISBN: 978-3-00-077205-4

INHALTSVERZEICHNIS

VORWORT

Moin liebe Gartenfreunde und Naturliebhaber!

Der Zauber der Nordsee zieht viele von uns in seinen Bann: rauschende Wellen, endlose Horizonte und das sanfte Flüstern des Windes. Genau diese Magie bewog mich dazu, an der Küste ein Zuhause zu suchen und diesen Charakter in meinem Garten zum Leben zu erwecken. Während des gesamten Gestaltungsprozesses unseres Gartens war ich von Albert Einsteins Worten inspiriert: *"Betrachte die Natur, dann wirst du ihre Bedeutung verstehen."* Dieses Zitat betont die tiefe Beziehung zwischen Menschen und Natur. Bei meinem Projekt handelte sich nicht nur darum, einen Garten zu schaffen, sondern eine Verbindung und ein Verständnis für die Natur aufzubauen, die an der Nordsee deutlich wird.

Dieser Garten wurde für mich zu einem Symbol meiner Leidenschaft und tiefen Verbindung zur Natur. Die Schönheit und Einzigartigkeit eines jeden Gartens liegen in der Geschichte, die er erzählt. Mit diesem Buch möchte ich Sie mit auf eine Reise nehmen, zu der Entstehung unseres Gartens, den Entscheidungen, die wir trafen, und die Erfahrungen, die wir sammelten. Ich hoffe, Sie finden ebenso viel Inspiration und Freude daran, wie wir es getan haben, als wir unseren Nordseegarten gestalteten und anlegten.

Herzlichst, Andrea Klimke-Hübner

EINLEITUNG

Und nun heiße ich Sie herzlich willkommen in meinem Garten am nordfriesischen Wattenmeer. Tauchen Sie mit mir in die Geschichte der Entstehung dieses Gartens ein, den ich im Einklang mit der faszinierenden Küstenlandschaft dieser Region gestaltet habe.

Unser Traum, ein eigenes Reetdachhaus an der Nordsee, wurde für meinen Mann und mich Wirklichkeit. Wir planten, den dazugehörigen Garten harmonisch in die umgebende Natur und unter Beachtung der klimatischen Bedingungen Nordfrieslands zu integrieren. Schon in meiner Kindheit entdeckte ich meine Liebe zum Gärtnern. Mit dieser Gelegenheit und endlich mehr Zeit, bin ich dieser Passion nachgegangen.

Ich habe nicht nur Inspirationen von der Insel Sylt genutzt, sondern viele Erkenntnisse aus unserem Garten im Taunus, der in 400 Metern Höhe liegt. Dieser Kontrast – die Höhen des Taunus und die flachen, weitläufigen Landschaften der Nordsee – forderte viel Kreativität heraus. Ich hatte das Ziel, einen Garten gestalten, der die maritime Frische der Küste atmet und von den gärtnerischen Erfahrungen im Taunus profitiert. Unsere Intention war es, einen Garten zu schaffen, der nicht nur schön aussieht, sondern ebenso den rauen Gegebenheiten von Wind und Salz standhält, ohne den atemberaubenden Blick auf das Wattenmeer zu verdecken.

In den folgenden Kapiteln teile ich mit Ihnen die Highlights, Herausforderungen und Lernmomente dieses Gartenprojekts. Egal, ob Sie wie ich ein leidenschaftlicher Hobbygärtner sind oder gerade erst Ihre Gartenreise beginnen – ich hoffe, Ihnen wertvolle Anregungen und Ideen geben zu können. Meine Checklisten am Ende des Buches sollen Sie dabei unterstützen, Ihre eigenen Gartenprojekte in die Tat umzusetzen.

Heute kann ich sagen, dass wir unser Ziel erreicht haben und deshalb zählen, die entspannten Stunden auf unserer Terrasse inzwischen zu den schönen Momenten, wenn wir den endlosen Blick über das Wattenmeer genießen und dabei meinen Pflaumenstreuselkuchen genießen. Neugierig auf das Rezept? Dieses finden Sie am Ende des Buches!

Ein Garten ist ständig in Bewegung und Entwicklung, und ich freue mich, meine Erkenntnisse und Erfahrungen mit Ihnen zu teilen. Für Fragen oder Anmerkungen stehe ich Ihnen gerne unter der E-Mail-Adresse kuesten.garten@ifhcc.de zur Verfügung.

Ich wünsche Ihnen ein inspirierendes Leseerlebnis!

Im Herzen der Nordsee

DIE EINZIGARTIGE KÜSTENLANDSCHAFT

Die Nordseeküste von Schleswig-Holstein verzaubert mit ihrer vielfältigen Landschaft aus Salzwiesen, dem faszinierenden Wattenmeer, schützenden Deichen und teilweise weitläufigen Sandstränden. Im Herzen dieser Region liegt das UNESCO-Weltnaturerbe Wattenmeer. Hier bestimmen die Gezeiten den Lebensrhythmus. Im Wattenmeer entfaltet sich eine beeindruckende Artenvielfalt von Flora und Fauna, die in dieser Umgebung ein harmonisches Zuhause gefunden hat. Jede Pflanze, jedes Tier, ist Teil eines großen, lebendigen Ganzen, das durch die wechselnden Gezeiten geprägt wird.

DER DEICHLOSE BLICK AUF DIE NORDSEE

Die Lage unseres Gartens in Nordfriesland könnte nicht inspirierender sein. Sie ist geprägt von der unvergleichlichen Schönheit der nordfriesischen Nordseeküste. Was dieses Stück Land besonders macht, ist sein unverstellter, „deichloser“ Blick auf das Meer. Im Gegensatz zu vielen anderen Orten an der Nordseeküste, wo mächtige Deiche das Land vor den Launen des Meeres schützen, können wir hier den direkten Kontakt zum

Wattenmeer genießen. Der Grund? Unser Grundstück liegt in einer hügeligen Geestlandschaft, die in der vorletzten Eiszeit entstand und sich erhöht über dem Meeresspiegel erhebt. Durch diese natürliche Erhöhung braucht man hier keinen Deich zum Schutz und gewährt uns so den privilegierten Blick auf das stetige Spiel von Ebbe und Flut. Dieser ungehinderte Ausblick war der Leitfaden unserer Gartenplanung und -gestaltung, eine ständige Quelle der Inspiration und Bewunderung.

INTEGRATION DER NATURLANDSCHAFT IN DEN GARTEN

Bei der Gartenplanung war es uns wichtig, diesen Blick auf das Wattenmeer freizuhalten. Anstelle uns hinter dichten Hecken zu verstecken, zielten wir darauf ab, die natürliche Umgebung in den Garten einzubinden. So bilden Schilf, Gräser und das Wattenmeer eine natürliche Verlängerung unseres Gartens. In der Weite des nordfriesischen Wattenmeers erleben wir ein Naturphänomen, das seinesgleichen sucht. Wie ein stetiger Herzschlag des Meeres wechseln sich Ebbe und Flut ab, zweimal am Tag, jeden Tag. Es ist ein unvergleichliches Schauspiel, das den Rhythmus des Lebens an dieser Küste bestimmt.

Mit der Flut steigt das Wasser. Was vorher als schlickiger, fester Boden sichtbar war, wird nun vom Wasser umschmeichelt. Bei Sturm wirbelt es aufgeregt hin und her, tanzt wild und unberechenbar. Doch an sonnigen Tagen liegt es ruhig und gelassen da, als würde es sich ausruhen und die Wärme genießen. Dann zieht sich das Wasser wieder langsam zurück und gibt den Blick frei auf diese Naturlandschaft mitten im Wattenmeer, die für kurze Zeit zu sehen ist. Es ist, als würde die Nordsee für einen Moment den Atem anhalten und uns einen Einblick in ihre Geheimnisse gewähren. Bei Ebbe offenbart sich eine Welt, die gleichzeitig robust und fragil wirkt.

DAS BUNTE TREIBEN IM WATTENMEER

Wenn das Meer sich bei Ebbe zurückzieht, hinterlässt es nicht nur den feuchten Sand, sondern auch zahlreiche Tiere und Pflanzen, die sich in diesem ständig wechselnden Umfeld behaupten können. Wattwürmer, Muscheln und kleine Krebse graben sich in den nassen Grund, während in der Luft das melodische Zwitschern und Rufen von Vögeln wie dem Austernfischer oder der Brandgans zu hören ist. Diese suchen gezielt im Watt nach Nahrung. Dabei können wir, wenn wir uns zurücklehnen und genau hinhören, ihre Kommunikation, ihre Rufe nach Artgenossen oder ihre Warnungen vor Gefahren vernehmen. Das Wattenmeer stellt für viele von ihnen nicht nur einen Ort der Nahrungssuche dar, sondern dient zahlreichen Zugvögeln als bedeutender Rastplatz auf ihren weiten Reisen. Sich in dieses Biotop zu vertiefen, nicht nur mit den Augen, sondern auch mit den Ohren, ist ein unvergleichliches und berührendes Erlebnis.

Für uns, die wir das Glück haben, direkt am Wattenmeer zu wohnen, sind diese Gezeiten mehr als nur ein Naturereignis. Sie sind Teil unseres Alltags, unserer Routine. Morgens beim Aufwachen werfen wir einen Blick aus dem Fenster: Ist das Wasser da oder hat sich die Nordsee wieder einmal zurückgezogen? Es ist ein ständiges Kommen und Gehen, ein ewiger Kreislauf.

Dieser Tanz zwischen Ebbe und Flut zeigt, dass alles im Leben seine Zeit hat. Es gibt Momente, in denen das Leben überfließt vor Energie und Aktivität, und es gibt Zeiten, in denen wir innehalten und reflektieren. Genau wie das Wattenmeer, das sich mit jeder Flut erneuert und mit jeder Ebbe einen Moment der Ruhe findet. Gleichzeitig lehrt es uns Geduld, Demut und den Respekt vor der unermesslichen Kraft der Natur. Es erinnert uns ständig daran, dass das Leben, genauso wie das Meer, ständig in Bewegung ist, immer im Wandel. Und in diesem ewigen Rhythmus finden wir Trost, Freude und endlose Faszination.

NATURWUNDER AM WATT

Die Flora ist ebenso beeindruckend. Salzresistente Pflanzen wie der Strandflieder oder das Dünengras trotzen den Gezeiten und gedeihen im salzigen Boden. Diese Pflanzen sind nicht nur schön anzusehen, sondern spielen auch eine wichtige Rolle im Ökosystem, indem sie den Boden stabilisieren und Lebensraum für viele Insekten bieten. Hier an der Nordseeküste stößt man auf eine beeindruckende Naturkulisse. An Stellen, an denen Geestland auf das salzige Wasser trifft, sprudelt Süßwasser hervor und schafft so ein üppiges Schilfgebiet. Dieses Schilf, das bis zu 3 Meter in die Höhe strebt, ist ein Refugium für den Teichrohrsänger, die heimliche

Rohrammer und zahlreiche andere kleine Tiere. Ein beeindruckendes Beispiel für die Harmonie zwischen Land und Meer.

ENTDECKUNGEN IN NORDFRIESLAND

Die Umgebung hier in Nordfriesland bietet eine Vielfalt an Entdeckungsmöglichkeiten. Gerne unternehmen wir mit unseren Fahrrädern Tagesausflüge mit einer Gesamtstrecke von – Hin- und Rückweg zusammen – nicht mehr als 50 Kilometer. So erreichen wir beispielsweise Nordstrand, eine idyllische Halbinsel, die uns mit ihrer charakteristischen Marschlandschaft und den Deichen verzaubert. Von Nordstrand fährt die Fähre nach Pellworm, eine kleine Insel, die mit ihren saftig grünen Wiesen und dem klaren Wasser ein Paradies für Naturliebhaber ist. Ein weiteres Ziel ist die Hallig Hamburg, ein Ort, der mit seiner Landschaft und der Ruhe, die dort herrscht, begeistert.

Natürlich gibt es in Nordfriesland viel mehr zu entdecken. Die Stadt Husum mit dem historischen Stadtkern, das malerische Friedrichstadt, das lebendige Sankt Peter Ording mit den breiten Sandstränden – diese Orte prägen das facettenreiche Bild von Nordfriesland. Eine komplette Aufzählung wäre schier endlos. Jeder Winkel dieser Region birgt Überraschungen und einzigartige Momente. Uns zieht es immer wieder hinaus, und mit jeder Tour entdecken und schätzen wir Nordfriesland aufs Neue!

Der Weg zum Küstengarten

VON DER VISION BIS ZUR REALITÄT

Unser Garten ist mehr als eine Zusammenstellung von Pflanzen und Steinen; er erzählt die Geschichte der Geduld, Leidenschaft und unserer Entschlossenheit. Er begann mit vielen Ideen und entwickelte sich durch Monate intensiver Recherche, Beratung und praktischer Umsetzung. Bei der Vorbereitung unseres Gartenprojekts bezogen wir viele Informationsquellen ein. Gartenmagazine lieferten uns eine Fülle von Anregungen. Sehr geschätzt haben wir die Gespräche mit lokalen Experten und Gärtnern auf der Insel Sylt. Durch sie erhielten wir wertvolle Empfehlungen zu möglichen Pflanzen und tiefgreifende Einblicke in die spezifischen Herausforderungen der Küstengartenpflege.

ANALYSE DES STANDORTES

Zunächst widmeten wir uns einer gründlichen Untersuchung unseres Grundstücks. Faktoren wie die Sonnenverhältnisse, die Beschaffenheit des Bodens und das vorherrschende Klima bildeten das Fundament für unsere Auswahl an Pflanzen und Baustoffen. Es war entscheidend, diesen natürlichen Gegebenheiten Rechnung zu tragen, um einen Garten zu schaffen, der nicht nur optisch ansprechend, sondern auch nachhaltig und beständig ist.

PLANUNG, PFLANZEN UND ARCHITEKTUR

Die Gestaltung eines Gartens beginnt immer mit einer Vision, gefolgt von sorgfältiger Planung. Bei unserem Küstengarten setzte ich zuerst auf traditionelle Handzeichnungen, die ich später durch digitale Werkzeuge verfeinerte. Der Entwurfsprozess war ein ständiges Geben und Nehmen, bei dem die Anordnung von Elementen wie Parkplätzen, Terrassen, Beeten und Grünflächen im Mittelpunkt stand. Jede Zeichnung war ein weiterer Schritt, um meinem Traum näher zu kommen und die Einheit von Optik und Funktionalität zu gewährleisten.

Die Pflanzenauswahl war ein eigenes Abenteuer. Es ging nicht nur darum, Pflanzen zu finden, die sich in das raue Klima der Nordseeküste und den speziellen Boden einfügen. Wir suchten Farben und Formen, die unsere individuellen Vorlieben widerspiegeln und zugleich eine harmonische, natürliche Atmosphäre schaffen.

Ebenso wichtig waren die baulichen Elemente des Gartens. Sie bilden das Gerüst und die Struktur, die den Rahmen für unsere Pflanzen setzt. Von Gehwegen, die uns durch das Grün führen, bis zu Mauern, die Schutz bieten oder Bereiche hervorheben, war es entscheidend,

Materialien und Designs zu wählen, die sich nahtlos in das Gesamtbild einfügten. In diesem dynamischen Zusammenspiel von Planung, Pflanzen und Architektur entstand unser Nordseegarten, der sowohl unsere Persönlichkeit als auch den Charme der Nordsee widerspiegelt.

BODENVORBEREITUNG

Die Errichtung unseres Reetdachhauses führte, wie wahrscheinlich jedes Bauvorhaben, zu einem „erdigen Durcheinander“: Der Boden war übersät mit Bauschutt und durchzogen von alten, verwurzelten Strukturen. Für uns war klar, dass unter solchen Bedingungen kein gesunder Garten gedeihen könnte.

Deshalb haben wir uns für einen erfahrenen Gärtner entschieden, der genau wusste, wie man solch ein Terrain zum Leben erweckt und für die Bepflanzung vorbereitet. Er entfernte sorgfältig den Bauschutt, lockerte den verdichteten Boden und fügte hochwertige Erde hinzu. Dies stellte sicher, dass unsere Pflanzen in nährstoffreicher Erde wurzeln und sich entfalten konnten.

Außerdem berücksichtigte er die speziellen Anforderungen der Nordsee-Region und wählte Erde, die die richtige Balance zwischen Wasserrückhaltung und Drainage bot. Diese intensive Bodenvorbereitung war ein wichtiger Schritt. Sie legte das Fundament für unseren Garten, der in voller Pracht erstrahlen sollte.

BUDGETPLANUNG UND ZEITMANAGEMENT

Es lag uns am Herzen, dass unsere Gartenträume im Einklang mit unseren finanziellen Möglichkeiten standen. Bei spezifischen Aufgaben, die Expertenwissen erforderten, zogen wir Fachleute hinzu. Die Pflanzarbeiten hingegen übernahmen wir mit Hingabe und Engagement selbst, um unserer Vision treu zu bleiben und den Garten persönlich zu gestalten und umzusetzen. Unsere Gartenreise begann so richtig, als im Dezember 2021 die Bodenplatte unseres Hauses gegossen war. Mit der frisch gegossenen Bodenplatte wurde das Potenzial des Grundstücks sichtbar. In den darauffolgenden fünf Monaten sammelten wir Ideen, wobei Bücher, Fachgespräche und Brainstorming-Sessions unsere Hauptquellen waren. Dieser Prozess war von großer Bedeutung, denn er half uns, eine klare Vision für unseren Garten zu entwickeln.

Nach den ersten sechs Monaten standen die meisten wesentlichen Entscheidungen fest. Im siebten Monat nahm die Aufregung zu: Die Auswahl der Pflastersteine rückte in den Mittelpunkt unserer Gespräche und ich begann, meine Vision in handgezeichneten Entwürfen festzuhalten. Dafür fotografierte ich oft einzelne Abschnitte des Gartens und zeichnete die Ideen auf dem Bild ein. Die folgenden Monate waren von intensivem Treiben geprägt: Im neunten und zehnten Monat wurden die ausgewählten Pflastersteine verlegt. Im kühlen November folgte der Bau unseres Friesenwalls. Nachdem der Wall stand, kam der entscheidende Schritt: Professionelle Hände verteilten den

Mutterboden sorgfältig. Dabei wurde die eine Seite des Friesenwalls, die zum Garten zeigt, direkt mit aufgeschüttet. Gleichzeitig wurde der doppelseitige Friesenwall sorgsam mit Mutterboden befüllt, wodurch unser Garten immer mehr Gestalt annahm.

Nach einem Jahr Bauzeit war es endlich so weit: Unser Reetdachhaus war fertig und bereit zum Einzug. Parallel dazu hatten wir nicht nur das Äußere, sondern auch das Innere des Hauses geplant und gestaltet – ein weiteres Projekt, das vielleicht eines Tages in einem eigenen Buch festgehalten wird. Zurück zum Garten: Unsere Pflanzenplanung begann im Dezember, nur ein Jahr nach der ersten Idee. Die erste Pflanzenbestellung erfolgte kurz nach Weihnachten, gefolgt von weiteren Bestellungen bei regionalen Lieferanten in den Monaten März, April und Mai. Bis sechs Monate nach unserem Einzug war alles gepflanzt. Zuvor, Ende März wurden die Kabel für unseren Mähroboter verlegt, und dann war es endlich so weit, Anfang April wurde unser frischer Rasen ausgerollt. Zwei Wochen später konnte der Mähroboter zum ersten Mal aktiv werden.

DER WEG IM ÜBERBLICK

Die Gestaltung unseres Gartens war ein sorgfältig geplanter Weg. Jeder Schritt wurde mit Bedacht und Leidenschaft ausgeführt wurde. Nach Monaten des Planens, Überlegens und Umsetzens entstand ein Garten, der schön anzusehen ist und unsere tiefe Verbindung zur Natur und unser Engagement widerspiegelt.

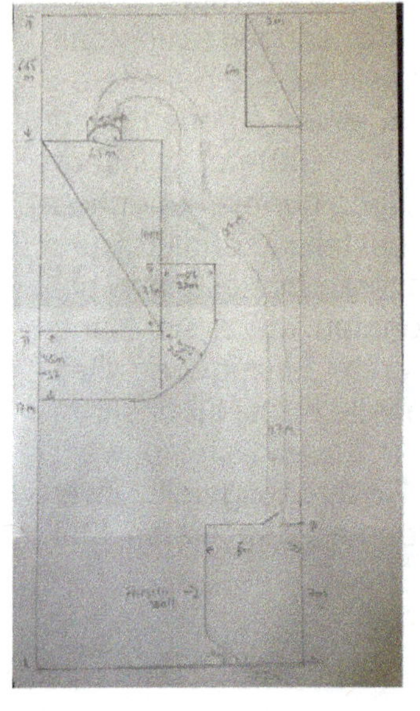

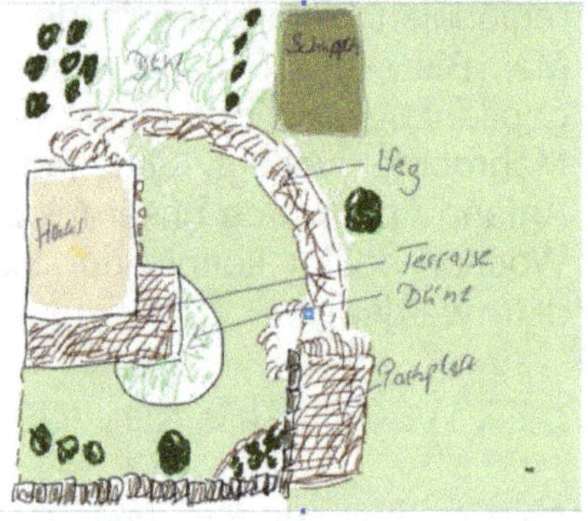
Düne
Haus
Weg
Terrasse
Düne
Parkplatz

Idee trifft Traumgarten

DAS FUNDAMENT: VISION UND INSPIRATION

Jede große Reise beginnt mit einem Traum. Für mich war es der Traum eines Gartens, der das raue Klima der Nordsee respektiert und sich gleichzeitig, wie eine sanfte Umarmung in diese Landschaft einfügt. Diese Vision, zuerst Ideen, Träume und Wünsche zugleich, begann sich auf dem Papier zu manifestieren. Es war nicht einfach, die richtige Balance zwischen den anspruchsvollen Wetterbedingungen und unseren Ideen und Wünschen zu finden. Das Herzstück unseres Anwesens, das Reetdachhaus, gab den Ton an. Es war nicht nur ein Zuhause, es war ein Leuchtfeuer für die Inspiration. Mein Garten sollte dieses Haus nicht nur umgeben, sondern es in einen erweiterten Wohnraum verwandeln.

DER RAHMEN: MILLIMETER GENAU

Eines der charakteristischsten Elemente unseres Planungsprozesses war das Millimeterpapier. Auf ihm brachte ich einzelne Gedanken und viele Ideen zum Ausdruck. Das Bild, das Sie links sehen, zeigt die erste wohl überlegte Darstellung unseres Gartens. Jede Linie, jeder gezeichnete Pfad und jede Beschriftung spiegelt die sorgfältige Planung und das Herzblut wider, das in dieses Projekt geflossen ist.

Es ist faszinierend, wie ein Stück Millimeterpapier zum Schauplatz unserer Ideen und Wünsche werden kann. Ein klar definierter Plan, um sicherzustellen, dass unser Garten so wird, wie wir ihn uns vorgestellt haben. In den Skizzen erkennen wir bereits die ersten Anzeichen des Friesenwalls, der als natürliche Grenze und Blickfang fungiert. Die Positionierung des Gartenhauses, der Terrassen und Pfade wurde so gewählt, dass sie funktional und optisch ansprechend sind.

Diese Zeichnungen dienten nicht nur als Leitfaden. Sie waren die Verbindung zwischen unserer Vision und der tatsächlichen Umsetzung. Jedes Mal, wenn wir uns das Bild anschauen, werden wir an die Anfänge erinnert und daran, wie wichtig es ist, seinen Träumen zu folgen.

GESTALTUNG: FUNKTIONALITÄT TRIFFT KÜSTENFLAIR

Die Designphase war geprägt von Überlegungen zwischen Funktionalität und Fantasie. Ich stellte mir vor, wie die Sonnenstrahlen auf die Terrassen fielen und das Rascheln der Gräser und das Zwitschern der Vögel die Stille durchbrachen. Ich träumte von einem Friesenwall, der sich wie eine natürliche Barriere windet, und Dünen, die mit dem charakteristischen Strandhafer bestickt sind. In diesem Traum, in diesem Garten, war das Meer nicht nur eine Kulisse, sondern ein ständiger Begleiter. Es ging nicht nur darum, einen Garten zu gestalten, sondern ein Stückchen Nordsee in unseren Alltag zu holen.

Und es gab die praktischen Überlegungen: Ein funktionaler, gleichzeitig schöner Parkplatz, zwei sonnenverwöhnte Terrassen für unvergessliche Sonnenuntergänge und gemütliche Morgenstunden, ein Gartenhaus für Stauraum und als Grenze zu den Nachbarn. Bei allen Planungen war ein Gedanke immer da: Der freie Blick auf die Nordsee durfte niemals versperrt werden. Jede Entscheidung – von der Positionierung einer Pflanze bis hin zur Form eines Pfades – wurde getroffen, um dieses maritime Panorama einzufangen.

HERAUSFORDERUNGEN UND DIE ODE AN DIE NORDSEE

Aber Träume begegnen oft Herausforderungen. Das Klima der Nordsee, mit seinen unberechenbaren Stürmen und launenhaften Wetterschwankungen, war ständig präsent. Jedes Detail musste resilient sein, jeder Winkel wetterfest. Nach vielen Überarbeitungen, Herzblut und Geduld stand er dann da, der Plan für unseren Garten – eine Ode an die Nordsee. Ein Konzept, das nicht nur auf Schönheit bedacht war, sondern tief ins Herz ging und das Reetdachhaus harmonisch mit der rauen Küstenlandschaft verband. Mit diesem Plan als Fundament begann die Reise der Verwirklichung, wobei jeder Gartenbereich seine eigene Geschichte erzählen sollte.

Struktur und Design

ELEMENTE DER GESTALTUNG

Ein Gartenprojekt an der Nordsee verlangt neben der sorgfältigen Pflanzenauswahl, eine durchdachte Planung der Struktur und des Designs. Dieses Kapitel widmet sich den Schlüsselelementen unseres Gartens: der Pflasterung, dem Friesenwall und dem Rollrasen.

PFLASTERUNG: NATURSTEIN ALS AUSDRUCK VON TRADITION

In unserem Garten, in dem Wert auf Details und Tradition gelegt wird, musste die Pflasterung sorgfältig ausgewählt werden, um das Gesamtbild zu vervollständigen und das historische Ambiente unseres Reetdachhauses zu ergänzen. Dabei spielen die Materialien aus meiner Sicht eine große Rolle. Sie fangen die Stimmung ein, die ein Gartenbereich ausstrahlt.

Wir haben uns für Natursteine entschieden, denn sie haben meistens warme Farben und vermitteln eine angenehme, heimelige Atmosphäre. Ihre Natürlichkeit durch bruchraue Oberflächen und ihre individuellen Formen verstärken das.

Wir haben uns die natürliche Ausstrahlung der einzelnen Steinarten zunutze gemacht. Beim Parkplatz wählten wir historisches Großkopfpflaster aus der Region. Diese Pflastersteine, mit ihren markanten und unregelmäßigen Formen, spiegeln nicht nur das Alter und die Robustheit wider, sondern haben einen nostalgischen Charme, der sofort ins Auge fällt. Sie erzählen Geschichten aus vergangenen Zeiten und bilden eine solide und ansprechende Oberfläche, die gut mit den Klinkern des Reetdachhauses harmonieren.

Der Weg zum Haus, das Eingangspodest und die Terrasse wurden mit historischem rotem Porphyr gepflastert. Mit seiner warmen, rotbraunen Farbe gibt der Porphyr dem Garten eine heimelige Atmosphäre. Um einen nahtlosen Übergang zwischen den beiden Pflasterarten zu schaffen, haben wir den Weg durch den Garten von 70 cm Breite mit Porphyr gewählt. Dieser wird von Großkopfpflaster eingerahmt. Mit diesem Design entstand ein schöner Übergang zum Parkplatz, der den historischen Charakter betont.

Wir haben die Pflastersteine ohne Mörtel verlegen lassen, sondern stattdessen mit einer Mischung aus Sand und Kies geplant, so gibt man der Natur wieder etwas zurück. Diese Kombination verringert den Anteil der Versiegelungsfläche, denn bei einem durchlässigen Unterbau wird ein Großteil des Niederschlagswassers durchgelassen. Insgesamt fügt sich unsere Pflasterung nahtlos in den Garten ein und betont das traditionelle Flair unseres Reetdachhauses.

DER FRIESENWALL: EINE VERBINDUNG ZUR KULTUR

Der Friesenwall, oft als "Friesensteinwall" oder "Steinriegel" bezeichnet, hat eine lange und tief verwurzelte Geschichte im norddeutschen Raum. Er hat seine Wurzeln im Mittelalter und diente ursprünglich als Grenz- oder Abgrenzungsmauer zwischen landwirtschaftlich genutzten Flächen. Die traditionelle Bauweise des Friesenwalls besteht aus Findlingen, die ohne Mörtel oder Bindemittel aufeinandergeschichtet werden. Die Steine werden meist zweiseitig, also in zwei Reihen gelegt, wobei der Raum dazwischen mit Erde gefüllt wird. Neben der Abgrenzung diente der Friesenwall als Windschutz für die dahinter liegenden Felder. Dies war an der windigen Nordseeküste von großer Bedeutung. In der norddeutschen Kultur ist der Friesenwall ein Symbol für die tiefe Verbindung zwischen den Menschen und ihrer Landschaft. Viele Wälle sind hunderte von Jahren alt und zeugen von der beständigen Präsenz in dieser Region.

Heute werden Friesenwälle nicht nur aus praktischen Gründen, sondern auch aus ästhetischen und kulturellen Gründen in Gärten und Landschaften integriert. Sie bieten Lebensraum für eine Vielzahl von Pflanzen und Tieren und sind ein Zeichen für traditionelle norddeutsche Gartenkunst. Heute ist der Friesenwall nicht nur eine einfache Mauer, sondern ein Stück lebendige Geschichte, das die Landschaft Norddeutschlands seit Jahrhunderten prägt. In unserem Garten sind zwei traditionell errichtete Friesenwälle zentrales Element unseres Gartens. Unser

„Parkplatz-Friesenwall“ dient als Abgrenzung und Sichtschutz zwischen Parkplatz und Garten. Mit einer Höhe von 90 cm, einer Breite von 1,40 m und einer Länge von 7 m besteht dieser Wall beidseitig aus Steinen. Er ist von höher wachsenden Heckenpflanzen umgeben und mit typisch nordfriesischen Pflanzen wie Strandnelken und Sylter Rosen bepflanzt. Der zweite Friesenwall, der als Abgrenzung zur Straße verläuft, besteht aus einer einseitigen 90 cm hohen Steinmauer und ist zehn Meter lang. Er besteht zum Garten hin nur aus Erde, um Pflanzen direkt daran zu setzen. Dieser Wall dient zur Straße als dekorative Grenze und ermöglicht uns, den offenen Blick zur Nordsee.

ROLLRASEN: SCHNELLIGKEIT TRIFFT AUF NACHHALTIGKEIT

Die Entscheidung für Rollrasen wurde durch unsere Erfahrungen und Anforderungen an einen widerstandsfähigen und schönen Rasen getrieben, den wir im Taunus nie erreicht haben. Das spornte uns umso mehr an. Der Hauptgrund für unsere Entscheidung war die Notwendigkeit, einen Rasen zu haben, der schnell grün, dicht und robust ist. Rollrasen erfüllt genau diese Anforderungen. Durch sein dichtes Wurzelsystem, welches in kontrollierten Umgebungen kultiviert wurde, bietet Rollrasen eine beeindruckende Widerstandsfähigkeit gegenüber extremen Wetterbedingungen, wie Trockenheit, starken Regenfällen und Frost. Wir mussten allerdings geduldig sein, denn das Wetter machte es unmöglich, den Rasen, wie wir es uns gewünscht hätten, im Oktober zu verlegen. Erst, als im April die Bedingungen endlich stimmten, erlebten wir das faszinierende Spektakel der Verwandlung unseres kahlen Bodens von einer Stunde auf die nächste in ein lebendiges, grünes Bett aus dichtem Gras. Ein Traum wurde Wirklichkeit! Die Vorteile des Rollrasens sind vielfältig. Abgesehen von seiner Robustheit ermöglicht er eine rasche Schaffung eines grünen Areals und reduziert den Pflegeaufwand erheblich. Die Zeit- und Ressourcenersparnis bei der Verwendung von Rollrasen ist beachtlich und sollte bei der Gartenplanung nicht unterschätzt werden.

Unsere Erfahrungen haben gezeigt, dass Rollrasen gut aussieht und darüber hinaus eine nachhaltige und ressourcenschonende Lösung bietet, die perfekt zu unserem Bestreben passt, in Harmonie mit unserer Umgebung zu leben.

STIMMIGES GESAMTBILD

Die sorgfältige Planung und Umsetzung dieser strukturellen Elemente führten zu einem stimmigen und harmonischen Gesamtbild unseres Gartens. In Kombination mit der richtigen Pflanzenauswahl, auf die ich im nächsten Kapitel eingehen werde, entstand ein Garten, der Tradition und Modernität miteinander verbindet.

Pflanzen in unserem Küstengarten

Die Wahl der richtigen Pflanzen für unseren Küstengarten war ein sorgfältiger und durchdachter Prozess. Es war von entscheidender Bedeutung, Pflanzen zu identifizieren, die den rauen Bedingungen – dem Wind, dem Salz und den Lichtverhältnissen – der Nordseeküste standhalten können und im speziellen Boden dieser Region gedeihen.

Zusätzlich wollten wir durch unsere Farbauswahl, die unsere persönlichen Vorlieben widerspiegelt, eine stimmungsvolle und naturnahe Atmosphäre schaffen. Mit einem Schwerpunkt auf Weiß- sowie Rosa- und Lilatönen wählten wir Farben, die harmonisch mit den blühenden Gräsern und den charakteristischen Sylter Rosen der Nordsee zusammenwirken. Dabei stand für uns stets im Vordergrund, mit unserer Pflanzenauswahl die Natur der Küstenregion zu unterstützen und zu ergänzen.

In den folgenden Abschnitten dieses Kapitels gebe ich detaillierte Informationen zu den ausgewählten Pflanzen und deren Eigenschaften.

UNSERE GARTENSTARS: VON DER SYLTER ROSE BIS ZUM STRANDHAFER

(in alphabetischer Reihenfolge)

APFELROSE, SYLTER ROSE, KARTOFFELROSE (ROSA RUGOSA)

Wenn mich jemand nach einer Pflanze, der es an der Nordsee sehr gut geht und die darüber hinaus schön blüht, fragt, dem antworte ich mit: Sylter Rose, bekannt als Apfelrose oder Kartoffelrose, botanisch Rosa rugosa. Diese Pflanze ist eine wahre Kostbarkeit, die durch ihre Schönheit und ihre Robustheit sowie Vielseitigkeit besticht. Die Sylter Rose hat ihren Platz in unserem Garten von Anfang an verdient, denn sie ist eine Augenweide und eine wahre Überlebenskünstlerin. Ihre Fähigkeit, salzhaltige Luft und raue Bedingungen zu ertragen, macht sie zur perfekten Wahl für Küstengärten, wo sie dazu beiträgt, das natürliche Küstenambiente nachzuahmen und Erosion zu verhindern. Wir haben sie auf dem Friesenwall und rund um unsere „Strandhaferdüne“ gepflanzt.

Im Frühling und Sommer übersät sie mit ihren Blüten in Rosa und Weiß den Garten. Diese Blüten haben eine fünfblättrige Struktur und verströmen einen angenehmen Duft, der Bienen und Schmetterlinge anzieht. Die Blätter der Sylter Rose sind auffällig, tief gefurcht und ledrig, was ihr den Namen "Kartoffelrose" eingebracht hat. Diese dunkelgrünen Blätter bilden einen reizvollen Kontrast zu den zarten Blüten.

Im Herbst trägt die Sylter Rose ovale, rote Früchte. Sie werden Hagebutten genannt, die hübsch anzusehen, und mit einem leichten Apfelgeschmack essbar sind. Die Sylter Rose bevorzugt gut durchlässigen, leicht sauren Boden und gedeiht in der vollen Sonne oder im Halbschatten. Die Pflege der Sylter Rose ist ein Kinderspiel. Ein Rückschnitt nach der Blüte, normalerweise im Spätsommer oder Herbst, fördert das Wachstum neuer Blüten und verhindert die Samenbildung. Diese Pflanze belohnt Pflege und Aufmerksamkeit mit einer Fülle von Blüten, sogar mehrmals im Jahr.

EIBE (TAXUS BACCATA)

Die Eibe, botanisch als Taxus baccata bekannt, ist nicht nur eine Pflanze. Die dichten, dunkelgrünen Nadeln verleihen unserem Garten eine Aura der Beständigkeit und Ruhe. Das Wachstum ist bedächtig, aber stetig. In unserem Garten haben wir den Taxus als wichtigen Bestandteil unserer Grenzbepflanzung auf dem Friesenwall, der den Parkplatz zum Garten trennt, gewählt. Er bildet eine grüne Wand, die uns Schutz vor Blicken bietet und zugleich einen Kontrast zur rauen Natur der Nordseeküste darstellt. Seine schlichte Eleganz steht im Kontrast zu den wilden Salzwiesen und den stürmischen Wellen.

Er gedeiht am besten in gut durchlässigem Boden und bevorzugt die volle Sonne. Das ist eine Pflanze, die wenig Pflege benötigt und dafür sorgt, dass unser Garten das ganze Jahr über grün erstrahlt.

GEMEINER LIGUSTER (LIGUSTRUM VULGARE)

Der Gemeine Liguster, Ligustrum vulgare, ist eine vielseitige Pflanze. Sie bringt mit ihren ovalen, glänzenden, dunkelgrünen Blättern im späten Frühjahr bis zum frühen Sommer duftende weiße Blüten in dichten Büscheln hervor. Diese Blüten sind ästhetisch ansprechend und ziehen Bienen und Schmetterlinge an. Nach der Blüte schenkt der Liguster kleine schwarze oder violette Beeren, die bei Vögeln äußerst beliebt sind.

Der Gemeine Liguster ist ein pflegeleichter und anpassungsfähiger Begleiter im Garten. Er gedeiht in voller Sonne oder im Halbschatten und passt sich einer Vielzahl von Bodentypen an, solange der Boden gut durchlässig ist. Durch einen Rückschnitt im Spätherbst kann die gewünschte Form erhalten und das Wachstum angeregt werden. Bei uns dient er auf dem Friesenwall als Sichtschutz zu unserem Parkplatz und bildet zusammen mit dem Kirschlorbeer eine harmonische Einheit.

HORTENSIE

Meine Begeisterung für Hortensien zeige ich mit ihrer Platzierung vor unserem Hauseingang, wo sie in halbschattigen bis schattigen Bereichen am besten gedeihen. Das unverwechselbare Merkmal der Hortensien sind ihre atemberaubenden Blüten, die in einer Vielzahl von Formen, Größen und Farben erstrahlen. Von Weiß über Rosa bis hin zu Blau und Lila – diese Blüten sind ein wahres Fest für die Augen. Die dunkelgrünen Blätter der Hortensien, manchmal leicht gezackt und meist oval bis herzförmig, bilden einen perfekten Hintergrund für diese Pracht.

Die Blüten der Hortensien sind ein Paradies für Bienen und Schmetterlinge, die so den Garten zu mehr Leben erwecken. Damit die Hortensien ihr Bestes geben, sollten der Boden gleichmäßig feucht gehalten werden, da Hortensien empfindlich gegenüber Trockenheit sind.

Im Frühjahr tut ihnen spezieller Dünger für saure Pflanzen gut, um das Wachstum und die Blüte zu fördern. Das regelmäßige Entfernen verblühter Blüten, bekannt als "Ausputzen," ist eine gute Praxis, um das Wachstum neuer Blüten anzuregen. Zu beachten ist, dass ein zu starker Schnitt die Blütenbildung reduzieren kann.

KIRSCHLORBEER "NOVITA" (PRUNUS LAUROCERASUS "NOVITA")

Der Kirschlorbeer "Novita," Prunus laurocerasus "Novita", ist eine immergrüne Pflanze, die ich als Sichtschutz zum Parkplatz und vor dem Friesenwall bei uns gepflanzt habe. Diese Sorte zeichnet sich durch Robustheit und ihr

Erscheinungsbild aus. Die Blätter des Kirschlorbeers "Novita" sind ledrig, glänzend und dunkelgrün. Sie sind länglich, lanzettlich und haben eine attraktive Struktur, die das ganze Jahr über erhalten bleibt. Diese dichten, immergrünen Blätter bremsen den Wind, so kann die Pflanze in windigen Gegenden gedeihen, am liebsten an sonnigen bis halbschattigen Standorten. "Novita" ist zudem gut salzverträglich. Sie hat also die perfekten Eigenschaften, um gut in Küstenregionen zu gedeihen.

Auf unserem Friesenwall soll sie nicht höher als 1,50 Meter werden, vor dem Wall maximal 2 Meter. Geplant ist, sie rund zu formen. Im Frühling trägt der Kirschlorbeer "Novita" kleine, duftende weiße Blüten in aufrechten Rispen. Wir haben die jungen Pflanzen in den ersten zwei bis drei Monate vor starkem Wind mit Steinen geschützt, die wir um die Wurzeln gelegt haben oder mit anderen Pflanzen zusammengebunden, um ihnen mehr Halt in der Erde zu geben.

Die Pflege dieses Kirschlorbeers ist unkompliziert, denn er verträgt Schnitte gut und kann je nach Bedarf und gewünschter Form beschnitten werden. Der beste Zeitpunkt für den Schnitt ist normalerweise im Frühjahr oder Herbst.

KRUMMHOLZ-KIEFER (PINUS MUGO MUGHUS)

Die Krummholz-Kiefer, Pinus mugo mughus, ist eine immergrüne Kiefernart, die in den alpinen Regionen Europas beheimatet ist. Ihr unverwechselbarer Wuchs, oft in kriechender oder zwergwüchsiger Form mit gedrehten oder verzweigten Stämmen, fasziniert in unserem Garten.

Ihre dunkelgrünen Nadeln, etwa 3 bis 5 cm lang, trägt sie das ganze Jahr über. Die Zapfen dieser Kiefernart sind mit etwa 3 bis 5 cm klein, mit ihrer braunen Farbe setzen sie dekorative Akzente.

Die Krummholz-Kiefer fühlt sich in einem durchlässigen Boden an einem sonnigen Standort am wohlsten. Ein leichtes Abschneiden der Triebspitzen im Frühjahr trägt dazu bei, das Wachstum zu fördern und die Höhe zu kontrollieren.

LAVENDEL (LAVANDULA ANGUSTIFOLIA)

Lavendel ist nicht nur schön anzusehen, sondern ebenso robust und vielseitig – Eigenschaften, die ihn zu einer perfekten Wahl für den Garten gemacht haben. Die schmalen, silbrigen Blätter und die schmalen Blütenstände des Lavendels erstrahlen in verschiedenen Farbtönen von Blau bis Violett. Dieser Anblick ist eine Freude für die Augen und die Nase, denn Lavendel verströmt einen betörenden Duft, der die Sinne belebt.

Lavendel zieht nützliche Insekten wie Bienen und Schmetterlinge an, während er Schädlinge fernhält. Er gedeiht in voller Sonne und verträgt salzhaltige Luft, damit ist er eine ausgezeichnete Wahl für unseren Küstengarten. Der Wind, von dem es hier genug gibt und der die Pflanzen leicht bewegt, stärkt die Wurzeln und fördert ein gesundes Wachstum.

Die Pflege des Lavendels ist unkompliziert. Er bevorzugt durchlässigen Boden und verträgt regelmäßiges Zurückschneiden, um das gesunde Wachstum und die Blütenbildung zu fördern.

Lavendel ist nicht nur eine Pflanze, sondern eine Quelle der Entspannung und des Wohlbefindens in unserem Garten.

RHODODENDRON

Von der Pracht eines Rhododendrons lässt sich sicher jeder gerne verzaubern, einer Pflanzengattung, die in Gärten auf der ganzen Welt für ihre lebhaften Blüten, Farbenvielfalt und immergrünen Blätter geschätzt wird.

Unsere Entscheidung, einige Rhododendren in unseren Garten im Schattenbereich aufzunehmen, wurde von unserer Leidenschaft für ihre Blüten, getrieben. Die Blätter des Rhododendrons sind oft von einem tiefen, beruhigenden Grün, elliptisch oder lanzettlich in der Form und behalten das ganze Jahr über ihre lebendige Farbe. Doch das Auffälligste sind die üppigen Blüten. Diese können in einer Palette von Farben erstrahlen. Wir haben bewusst weiß und rosa gewählt, um die Farbharmonie unseres Gartens zu unterstreichen.

Rhododendren bevorzugen halbschattige bis schattige Standorte. Der Boden sollte durchlässig, sauer und reich an organischem Material sein. Wir haben spezielle Rhododendron-Erde verwendet, um sicherzustellen, dass sie die besten Wachstumsbedingungen haben. Und so haben wir es sogar erreicht, dass sie in der ersten Saison zweimal blühten.

Wichtig ist es, den Boden gleichmäßig feucht zu halten, insbesondere in trockenen Perioden. Im Frühjahr können die Rhododendren mit speziellem Rhododendron-Dünger verwöhnt werden, um das Wachstum und die Blüte zu fördern. Ein leichter Rückschnitt nach der Blüte kann die

Form und das Wachstum fördern, und das Entfernen verblühter Blütenstände verhindert die Samenbildung.

SCHLANGENHAUT-KIEFER (PINUS HELDREICHII LEUCODERMIS)

Die Schlangenhaut-Kiefer, Pinus heldreichii leucodermis, ist ein faszinierender Bewohner der Bergregionen Südosteuropas. Der Name mag exotisch klingen, doch er spiegelt ihre Eigenschaften wider. In den rauesten Gebieten trotzt sie den extremen klimatischen Bedingungen. Diese Eigenschaft machte sie neben ihrer atemberaubenden Optik für mich attraktiv.

Ein markantes Merkmal der Schlangenhaut-Kiefer ist ihre Rinde. In rötlich-braunen Platten, die sich abblättern, zeigt sie ein Muster, das an die Haut einer Schlange erinnert. Ihre Nadeln sind dunkelgrün und zwischen 5 und 10 cm lang, wachsen in Zweierbündeln und sind im Vergleich zu anderen Kiefernarten äußerst flexibel und zart. Die Zapfen der Schlangenhaut-Kiefer sind in ihrer Jugend violett und reifen später zu einem Braun. Diese Zapfen erreichen eine von etwa 5 bis 7 cm.

Die Schlangenhaut-Kiefer passt sich verschiedenen Bodenbedingungen an, liebt gut durchlässige Böden und volle Sonneneinstrahlung. Regelmäßige Bewässerung ist wichtig, aber sie zeigt sich generell als trockenheitstolerant. Ein gelegentlicher Rückschnitt trägt dazu bei, ihre Form zu erhalten und das Wachstum zu fördern.

SEGGE "ICEDANCE" (CAREX FOLIOSISSIMA)

Die Segge "Icedance," Carex foliosissima, ist eine Bodendeckerpflanze, die mit ihrer dezenten Schönheit und Anpassungsfähigkeit glänzt. Aber, diese Pflanze ist mehr als nur ein visuelles Vergnügen - sie bedeckt den Boden effizient und hält Unkraut fern. Das auffälligste Merkmal der Segge "Icedance" sind ihre Blätter. Diese sind länglich, glänzend und schimmern in einem silbrigen Weiß bis Blau, was ihnen ein frostiges und elegantes Aussehen verleiht. Diese Blätter bilden dichte Horste und sind das ganze Jahr über immergrün.

Die Segge "Icedance" erreicht eine Höhe von etwa 30-45 cm und eine ähnliche Ausdehnung, was sie für mich zu einer Wahl für Bodendecker macht. Sie kann in der Sonne oder im Schatten gedeihen und passt sich gut an trockene Bedingungen an. Die Pflege der Segge "Icedance" ist unkompliziert. Ein Schnitt ist normalerweise nicht erforderlich, da die Segge "Icedance" ihre Form behält und Unkraut unterdrückt.

STECHPALME "HECKENPRACHT" (ILEX MESERVEAE)

Die Stechpalme "Heckenpracht", botanisch bekannt als Ilex meserveae, trägt diesen Namen nicht umsonst. Ihre glänzenden, dunkelgrünen Blätter sind das ganze Jahr über einen wahren Hingucker und verleihen unserem Garten eine Aura von Eleganz und Ruhe. Diese Blätter sind schön anzusehen, ihre angenehme Lederstruktur macht sie haptisch ansprechend. Doch das Highlight der "Heckenpracht" sind zweifellos ihre leuchtend roten Beeren, die im Herbst und Winter erstrahlen und wie kleine Rubine zwischen den Blättern leuchten.

Die Stechpalme ist nicht nur eine Augenweide. Sie lockt Vögel in unseren Garten, die sich von den Beeren ernähren und eine lebendige Atmosphäre schaffen. Ich schätze diese leuchtend roten Beeren für meine weihnachtlichen Dekorationen und Kränze.

STORCHENSCHNABEL

Der Storchenschnabel, lateinisch als Geranium bezeichnet, hat in kurzer Zeit den Schattenbereich unseres Gartens mit einem dichten, lilafarbenen Teppich verzaubert. In meinem Garten bildet er einen malerischen Rahmen um die Rhododendren, was zu einer harmonischen Blütenkulisse führt.

Um die volle Schönheit des Storchenschnabels zur Geltung zu bringen, sollte der Boden gleichbleibend feucht gehalten werden – Staunässe ist möglichst zu vermeiden. Ein leichter Rückschnitt gegen Ende des Sommers kann das Wachstum für die kommende Saison stimulieren und dafür sorgen, dass der Garten wieder in lebhaften Farben erblüht.

STRANDHAFER (AMMOPHILA ARENARIA)

Widmen wir uns eine der wichtigsten Pflanzen an der Küste: dem Strandhafer. Botanisch als Ammophila arenaria bekannt, verzaubert er uns mit seiner bescheidenen Schönheit und seiner Anpassungsfähigkeit. Über Jahrhunderte hinweg hat er sich den rauen Bedingungen der Küstendünen perfekt angepasst. Seine schmalen, graugrünen Blätter zeugen von einer bemerkenswerten Widerstandsfähigkeit. Im Sommer entfaltet der Strandhafer seine zarten Blüten in dezenten Rispen. Neben seiner Schönheit besitzt der Strandhafer eine erstaunliche Funktion. Dank seiner tiefen Wurzeln stabilisiert er Dünen, indem er den Sand festhält und Erosion verhindert. So schafft er lebenswichtige Räume für die Dünenfauna und -flora.

In unserem Garten an der Nordsee wollten wir dieses Küstenjuwel unbedingt integrieren. Die natürlichen und angelegten Dünenlandschaften, die ich oft auf Sylt und in Sankt Peter-Ording bewundert habe, dienten als Inspiration. So entstanden eigene "Strandhaferdünen" in unserem Garten: zwischen den Terrassen und vor der Eingangstür. Zudem ziert er unseren Friesenwall zur Straße hin. In Sachen Pflege zeigt sich der Strandhafer genügsam. Er liebt Sonnenschein und bevorzugt durchlässigen, sandigen Boden. Eine mögliche Trockenheit steckt er mühelos weg. Aber Vorsicht: Wenn er zu dominant wird, sollten seine Ausläufer gelegentlich gestutzt werden. Dies haben wir am Friesenwall bereits gemerkt.

STRANDNELKE (ARMERIA MARITIMA)

Tauchen wir ein in die faszinierende Welt der Strandnelke, botanisch bekannt als Ammophila arenaria. Diese Pflanze ist ein wahres Wunder der Anpassung, die sich in den rauen Küstengebieten zuhause fühlt und eine wichtige Rolle bei der Erhaltung der natürlichen Dünenlandschaft spielt. Die Blätter sind schmal und von einem beruhigenden grau- bis blaugrünen Farbton. Sie sind so dicht angeordnet, dass sie den Winden der Küste trotzen und gleichzeitig den Wasserverlust minimieren.

Der Höhepunkt des Jahres ist für die Strandnelke zweifellos der Sommer, wenn sie in Weiß, Rosa oder Pink blüht. Ich habe mich in die Strandnelke verliebt, als ich sie zum ersten Mal auf Pellworm sah. Ihre Schönheit, Anpassungsfähigkeit und ihre Fähigkeit, die rauesten Bedingungen zu überstehen, haben mich überzeugt. Ich habe diese Pflanze auf unserem Friesenwall gepflanzt, und so viel Farbe und Schönheit in unseren Garten gebracht. Die Strandnelke ist eine wahre Kämpferin, sie liebt die Sonne und trockene, sandige Böden, ist salztolerant und kann ohne zusätzliches Gießen gedeihen.

WINTERGRÜNE ÖLWEIDE (ELAEAGNUS EBBINGEI)

Die Wintergrüne Ölweide mit ihren schmalen, elliptischen Blättern, die ein dunkles Grün mit silbrigen Reflexen aufweisen, ist eine wahre Augenweide. Stellen Sie sich vor, wie die zarten Blätter im Wind sanft schimmern und dem Garten ein beruhigendes, silbriges Funkeln verleihen. Doch das ist nicht alles, was diese Pflanze zu bieten hat. Im Herbst und Winter tauchen kleine, duftende cremefarbene Blüten die Luft in einen zarten Duft, der den Garten mit einer zauberhaften Atmosphäre erfüllt.

Und dann kommen die Früchte, klein und orangefarben, fast wie glühende Edelsteine. Diese Früchte sind eine Delikatesse für die Vögel, die im Winter zu uns kommen. Die Wintergrüne Ölweide ist insgesamt eine pflegeleichte Pflanze, die bevorzugt an einem sonnigen bis halbschattigen Standort in den meisten Bodentypen gedeiht, solange der Boden durchlässig ist. Sie wurde mir wärmsten von Gärtnern aus der Region empfohlen. Dafür bin ich ihnen dankbar. Ein regelmäßiger Schnitt im Frühjahr oder Herbst wird die Dichte der Pflanze fördern.

Möbel mit Küstencharme

Die Auswahl robuster, aber gleichzeitig stilvoller Gartenmöbel, die den Wetterbedingungen der Nordsee standhalten, war für uns von zentraler Bedeutung, zudem spielte die Farbe eine Rolle. Im Innenbereich des Hauses haben wir mit verschiedenen Weißtönen und hellgrau gearbeitet. Um eine Verbindung zur äußeren Gestaltung herzustellen, haben wir diese Farben für die Gartenmöbel, den Strandkorb und das Gartentor wieder aufgegriffen.

TEAKHOLZ – DIE EDLE WAHL

Teakholz ist aus unserer Sicht das ideale Material für Stühle, Bänke und Tische. Das natürliche Öl des Holzes schützt die Möbelstücke und sorgt dafür, dass sie Wind, Salzluft und Sonne mühelos trotzen, ohne an Schönheit oder Struktur einzubüßen. Ihr Gewicht trägt dazu bei, dass die Möbelstücke standhaft bleiben. Teakholz steht für Langlebigkeit und für zeitlose Eleganz, die perfekt zum Gesamtbild unseres Reetdachhauses passt. Die Polster und Textilien für die Gartenmöbel haben wir in einem zurückhaltenden Grau gewählt, das sich nahtlos in unser

Farbschema einfügt und eine Atmosphäre der Ruhe und Gelassenheit vermittelt.

DER STRANDKORB – EIN STÜCK NORDSEE IM GARTEN

Ein Strandkorb ist nicht nur ein symbolträchtiges, sondern auch ein multifunktionales Möbelstück, der Nordseeküste. Er stand von Anfang an auf unserer Liste, in grau mit grau-weißem Innenleben. Inzwischen haben wir einige Stürme erlebt und nicht immer war der Strandkorb im wahrsten Sinne standhaft. So haben wir lernen müssen, dass das Anbinden des Strandkorbs bei starkem Wind essenziell ist.

Dafür haben wir Großkopfpflastersteine mit Karabinerhaken fest verschraubt, das ist gleichzeitig eine Dekoration im Garten. Der Strandkorb kann so hoffentlich nicht mehr umgeweht werden.

Ein weiterer wesentlicher Aspekt ist der Schutz vor Nässe. Eine Schutzhaube bietet Schutz vor Regen und hält den Strandkorb trocken. Es ist wichtig, darauf zu achten, den Strandkorb regelmäßig durchzulüften, um Schimmelbildung zu vermeiden. In den Wintermonaten empfehlen wir, den Strandkorb und alle weiteren Gartenmöbel im Gartenhaus oder an einem anderen geschützten Ort unterzustellen, um sie vor den winterlichen Wetterbedingungen zu schützen.

Versorgungsleitungen – Technik im Grünen

Eines war uns von Beginn an bewusst: Ein grünes Paradies entsteht nicht allein durch das Pflanzen und die Hoffnung auf ausreichend Sonnenlicht. Die Feinheiten und überlegten Details sind es, die den Garten erstrahlen lassen. Ein Aspekt, den man leicht übersieht, ist die Versorgungsinfrastruktur – insbesondere die Anlagen für Strom und Wasser. Die Integration der Versorgungssysteme verlangte von Anfang an nach einer sorgfältigen Planung. Es ging uns darum, die Bedürfnisse des Gartens ebenso zu berücksichtigen wie unsere Nutzungsgewohnheiten. Von den Anschlüssen über die Leitungen bis hin zu den Lampen wurde alles so konzipiert, dass es funktionell und optisch überzeugt.

STROM – DIE ENERGIEQUELLE DES GARTENS

Eine zuverlässige Stromversorgung ist das pulsierende Herz des komfortablen und vielseitig nutzbaren Außenbereichs. Sie bündelt nicht nur eine sichere Aura, sondern verwandelt den Garten in eine entspannte und wunderschöne Oase, die ich zu jeder Tages- und Nachtzeit genießen kann. Mit der richtigen Stromversorgung eröffnen sich Möglichkeiten, verschiedenste Lichtquellen und zum Beispiel Steckdosen für elektrisch betriebene Gartengeräte zu installieren.

Um diese Vorzüge genießen zu können, ist eine sorgfältige Planung und Vorbereitung der Stromversorgung unerlässlich. Wir haben genügend Steckdosen an strategisch wichtigen Punkten im Garten fachgerecht und sicher verlegen lassen.

DAS ELEKTRISCHE GARTENTOR – MEHR ALS EIN EINGANG

Ein automatisiertes Gartentor verbindet Sicherheit mit Bequemlichkeit und ist das Erste, was unsere Besucher wahrnehmen, wenn sie das Grundstück betreten. Es setzt ein Statement über den Stil und die Ästhetik des gesamten Anwesens. Das Tor dient als physische Barriere, die ungebetene Gäste fernhält und zugleich den inneren Bereich unseres Grundstücks definiert. Durch die Automatisierung wird der Alltag vereinfacht, da kein Aussteigen aus dem Fahrzeug nötig ist, um das Tor zu öffnen oder zu schließen. Dies ist insbesondere bei schlechtem Wetter oder in den dunklen Abendstunden ein unschätzbarer Vorteil. Zusätzlich besteht die Möglichkeit, das Tor aus der Ferne zu steuern. So können wir das Tor bequem per Fernbedienung öffnen, wenn der Paketbote oder Besuch vor der Tür steht. Das Tor harmonisiert mit dem Gesamtkonzept der Anlage, so passt das Design des Tores vom Stil her perfekt zu unserem Reetdachhaus. Das elektrische Gartentor ist nicht nur ein funktionales

Element, sondern es trägt maßgeblich zur Atmosphäre und Sicherheit des gesamten Grundstücks bei.

STECKDOSEN – PRAKTISCH UND DURCHDACHT

Die Verfügbarkeit von Strom im Garten erweitert die Nutzungsmöglichkeiten und erhöht den Komfort erheblich. Wir haben im Vorfeld daran gedacht, Kabel so im Garten verlegen zu lassen, dass uns an strategischen Punkten Steckdosen zur Verfügung stehen. Das ermöglicht den Betrieb des Mähroboters, sonstiger Gartengeräte, möglicher Lichterketten oder anderen elektronischen Geräten, ohne dass Verlängerungskabel notwendig sind. Dies erleichtert die Gartenpflege und eröffnet vielfältige Möglichkeiten für gemütliche Abende im Freien. Selbstverständlich haben wir im Gartenhaus Steckdosen installiert, um Werkzeuge und Geräte aufzuladen und die Gartenarbeit bei Bedarf zu erleichtern.

ELEKTROMOBILITÄT – DER SCHRITT IN DIE ZUKUNFT

In einer Welt, die sich immer stärker in Richtung Nachhaltigkeit und umweltfreundlicher Alternativen bewegt, war eine Wallbox für Elektrofahrzeuge in unserem Zuhause ein Zeichen der Zeit und eine Investition in die Zukunft. Die Installation einer Ladeeinrichtung für E-Fahrzeuge war deswegen ein konsequenter und wichtiger Schritt. Die Wallbox bietet die Möglichkeit,

Elektrofahrzeuge schnell und bequem zu Hause aufzuladen.

GARTENBELEUCHTUNG – ATMOSPHÄRE UND SICHERHEIT

Bei der Auswahl der Gartenbeleuchtung fiel die Entscheidung bevorzugt auf Solarlampen. Diese haben sich als ideale Wahl erwiesen: Sie sind umweltfreundlich und äußerst praktisch. Diese Lampen hüllen den Garten nach Einbruch der Dunkelheit in ein sanftes, einladendes Licht und kreieren eine warme und gemütliche Atmosphäre. Speziell platzierte Solarstrahler setzen zudem ausgewählte Pflanzen sowie unseren Friesenwall gekonnt in Szene, wodurch das nächtliche Gartenbild an Tiefe und Struktur gewinnt. Den Eingangsbereich beleuchten wir zusätzlich mit solarbetriebenen Bodenleuchten. Sie sorgen für Sicherheit und setzen optisch ein Highlight.

WASSER – LEBENSELIXIER DES GARTENS

Die Wasserversorgung im Garten ist von entscheidender Bedeutung – sowohl für den Rasen als auch, um die Pflanzen gesund und blühend zu halten. Ein wachsames Augenmerk lag bei uns auf den beiden Friesenwällen. Aufgrund ihrer Struktur und Beschaffenheit neigen sie dazu, schnell auszutrocknen. Daher haben wir spezielle Wasserleitungen in diesen Bereichen verlegt. Diese sorgen im Sommer dafür, dass die Wälle jeden Morgen automatisch für kurze Zeit bewässert werden, um ein Austrocknen zu verhindern. Ein unterirdisch verlegtes Bewässerungssystem mit Schläuchen, gesteuert von Zeitschaltuhren, ermöglicht, unsere Pflanzen effizient und bedarfsgerecht zu bewässern. Dieses System berücksichtigt die spezifischen Anforderungen der Friesenwälle.

Küstenzauber - Unsere Bilanz

Von Beginn an war für uns klar: Ein Garten sollte es werden, der unser Reetdachhaus umrahmt und eine sanfte Brücke zum Wattenmeer schlägt. Wir träumten von Traditionen – von Friesenwällen und Dünen, von einer Terrasse, die uns den Ausblick jederzeit bietet – mit den schönsten Sonnenuntergängen. Was wir nicht im Blick hatten, waren die heftigen Nordseestürme, die direkt in der ersten Reihe mit einer Intensität wüten, die uns immer wieder in Staunen versetzt. Ein Garten hier zu gestalten ist eine innige Beziehung, die Herz und Seele berührt.

DIE SONNENSEITEN

Es hat mich zutiefst berührt, wie lebendig der Garten bereits nach wenigen Monaten war. Der Rasen, so üppig grün, erfreut uns täglich. Und die Strandhafer-Dünen? Sie sind wie ein tägliches Versprechen von Urlaub, direkt vor der Haus- und Terrassentür. Die Strandnelken, mit ihrer faszinierenden Robustheit und Schönheit, sind ein echtes Highlight. Sie blühen, als würden sie den Wind herausfordern – ein wahrer Nordseegeist!

Bei der Gestaltung des Gartens ist die sorgfältige Planung der Gartenarchitektur genauso essenziell wie die Auswahl der passenden Pflanzen. Ein entscheidendes Element, das die Atmosphäre des Gartens prägt, ist die Beleuchtung. In unserem Garten haben wir uns für solarbetriebene LED-Leuchten entschieden, die die Wege sanft und einladend illuminieren. Diese umweltfreundliche Lösung verzaubert unseren Garten in der Nacht und verwandelt ihn in eine wunderschöne, entspannte Oase der Ruhe und Gemütlichkeit.

DIE STOLPERSTEINE

Die Kapriolen des Wetters, wie zum Beispiel der unerbittliche Wind, prüften oft unsere Entschlossenheit. Selbst robuste Pflanzen wie der Kirschlorbeer mussten zunächst vor dem Wind geschützt werden, bis sie fest im Boden verankert waren. Der speziell für unsere Dünen bestellte Strandsand stellte sich ebenfalls als trickreich heraus; ein stürmischer Tag, und schon verwehte ein Großteil davon.

ERKENNTNISSE UND EMPFEHLUNGEN

Wenn ich Ihnen einen Rat geben darf: Erleben Sie den Ort, an dem Sie gärtnern möchten, in all seinen Facetten. Fühlen Sie den Sturm und beobachten Sie die Windrichtungen. Achten Sie darauf, wie sich Sonne und Schatten im Laufe des Tages verändern. Gehen Sie Hand in Hand mit der Natur und stellen Sie sich ihr nicht entgegen. Lernen Sie, die natürlichen Bedingungen zu Ihrem Vorteil zu nutzen und harmonisch in Ihr Gartenkonzept zu integrieren. Ein Gedanke, der uns im Nachhinein kam: Eine unterirdische Bewässerungsanlage hätte uns das Sprengen des Rasens vereinfacht. Abschließend möchte ich deswegen betonen: Eine sorgfältige Vorbereitung ist der Schlüssel zu einem gelungenen Gartenprojekt. Investitionen in eine gute Infrastruktur für Strom und Wasser sind langfristig gedacht und zahlen sich in Bequemlichkeit, Optik und Funktionalität mehrfach aus. Jegliche nachträglichen Änderungen könnten kostspielig werden.

BLICKE IN DIE ZUKUNFT

Dieses Stück Erde zwischen Reetdach, Garten und dem unendlichen Wattenmeer hat Spuren bei mir hinterlassen. Es ist eine Verwandlung, die mich motiviert und dazu gebracht hat, meine Erlebnisse zu teilen. Schon schreibe ich an meinem ersten Roman, inspiriert von dieser rauen Schönheit. Immer wieder stehe ich auf meiner Terrasse und spüre eine tiefe Dankbarkeit. Es ist ein unvergleichliches Gefühl, diesen Ort mit Herz und Hand erschaffen zu haben. Wenn die Sonne dann ins Meer taucht, berührt es mich tief im Inneren. Lassen Sie sich inspirieren und beginnen Sie Ihr eigenes Gartenabenteuer.

Checklisten für Ihren Garten

In diesem Kapitel möchte ich Ihnen vier Checklisten an die Hand geben, die ich während des Jahres erstellt habe. Diese könnten Ihnen bei der Planung und Gestaltung Ihres Gartens helfen, um an alles – fast alles – zu denken und Ihren Garten erfolgreich in die Tat umzusetzen. Jede Checkliste beinhaltet aus meiner Sicht wichtige Aspekte, die zu berücksichtigen sind. Sie sollen helfen, die wichtigsten Schritte und Überlegungen für Ihren Garten übersichtlich festzuhalten. Lassen Sie sich inspirieren und nutzen Sie die Checklisten als Leitfaden für Ihr eigenes Gartenprojekt.

CHECKLISTE: GARTENPLANUNG

Standort und Klima

☐ Standort: Sonne, Halbschatten, Schatten.

☐ Lokale Klimabesonderheiten: Wind, salzhaltige Luft.

☐ Winterhärtezone Ihres Standorts.

☐ Bodenart: sandig, lehmig, humos

Zweck der Pflanzen

☐ Pflanzen zur Zierde, zum Sichtschutz oder zur Nahrung.

☐ Priorisieren Sie die Merkmale: Blütezeit, Duft, Farbe.

Auswahlkriterien

☐ Pflanzenarten, die in Ihrem Klima und Boden gedeihen.

☐ Pflanzen, die zur Artenvielfalt beitragen.

Pflanzen festlegen und kaufen

☐ Erstellen Sie eine Liste der Pflanzenarten.

☐ Recherchieren Sie lokale Gärtnereien oder Baumschulen.

CHECKLISTE: PLANUNG DES PFLANZBEREICHS

☐ Markieren Sie die Pflanzbereiche in Ihrem Garten.

☐ Abstand zwischen den Pflanzen.

Pflege und Wartung:

☐ Pflegeaufgaben für jede Pflanzenart.

☐ Zeitplan für die Pflegeaktivitäten.

Kostenkalkulation:

☐ Kostenschätzung für den Kauf der Pflanzen und Materialien.

CHECKLISTE: PFLASTERUNG DES GARTENS

Bereiche für die Pflasterung

- o Parkplatz, Hauseingang, Schuppen/Gartenhaus.
- o Gehweg, Terrassen, Kinderspielbereich.

Pflasterauswahl

☐ Pflastermaterial: Großkopf Pflastersteine, Porphyr o.ä.

☐ Entwerfen Sie das Muster oder Layout für Ihre Pflasterung.

Materialbeschaffung

☐ Beschaffen Sie das Pflastermaterial in ausreichender Menge.

☐ Beraten Sie sich mit einem Fachmann.

Verlegung

☐ Verlegung vom Fachmann oder selbst.

☐ Kostenvoranschlag einholen.

☐ Erstellen Sie einen Zeitplan.

CHECKLISTE: PFLEGE IHRES GARTENS

Bewässerung

☐ Überprüfen Sie den Feuchtigkeitsgehalt des Bodens.

☐ Bewässern der Pflanzen entsprechend ihrer Bedürfnisse.

Unkraut

☐ Entfernen Sie Unkraut regelmäßig.

☐ Verwenden Sie Bodendecker oder Pinienrinde.

Düngung

☐ Düngen der Pflanzen gemäß den Empfehlungen für jede Art.

☐ Achten Sie auf den richtigen Dünger.

Rückschnitt und Beschneidung

☐ Verwelkte Blüten/beschädigte Pflanzen abschneiden.

☐ Rückschnitt von Sträuchern und Bäumen festlegen.

CHECKLISTE: PLANUNG DER LEITUNGEN

Stromversorgung

☐ Stromquellen (Beleuchtung, Gartentor, Ladestation).

☐ Wege für die Verkabelung festlegen.

☐ Nutzung von Solarlampen.

Wasserzufuhr

☐ Verlegung von Wasserleitungen oder Schläuchen.

☐ Installation eines automatischen Bewässerungssystems.

Strom- und Wasserquelle

☐ Hauptstromquelle und Wasseranschluss.

☐ Zusätzliche Installationen oder Anschlüsse.

Budgetkalkulation

☐ Kostenschätzung für Strom, Wasser und Zubehör.

☐ Elektriker/Installateur.

IHRE ERGÄNZUNGEN

SCHLUSSWORT

Liebe Gartenfreunde und Naturliebhaber!

Nun möchte ich Ihnen für Ihre Begleitung und Ihr Interesse danken. Dieses Buch ist nicht das Werk einer Expertin, sondern das Ergebnis meiner Liebe und Leidenschaft für die Gestaltung unseres Gartens. Es enthält die Erfahrungen und Überlegungen, die mein Mann und ich während der Planung und Gestaltung unseres Gartens an der Nordsee gemacht haben. Als wir unseren Küstengarten gestalten wollten, suchten wir nach Tipps und Anleitungen, fanden nicht genau das, was wir brauchten. Also hatte ich die Idee, meine eigenen Erfahrungen und Ideen in diesem Buch niederzuschreiben und mit Ihnen zu teilen.

Alle Fotos in diesem Buch wurden von mir persönlich aufgenommen. Es sind nicht nur einfach Bilder – sie sind Zeugen meiner Leidenschaft, meiner Erfolge und der zahlreichen Stunden, die ich im Garten verbracht habe. Ein großer Dank gebührt all jenen, die mich auf diesem Weg unterstützt und begleitet haben – sei es durch Ratschläge, kreative Ideen oder aufbauende Worte. Jede Unterstützung war für mich von unschätzbarem Wert. Und nun möchte ich Sie ermutigen: Jeder Garten erzählt seine eigene Geschichte. Dies hier ist meine. Ich lade Sie ein, Ihre eigene Geschichte zu schreiben. Möge Ihr Garten genauso unendliche Freude und Inspiration schenken!

BONUS FÜR SIE

Liebe Leserinnen und Leser,

mit dem Schreiben dieses Buches habe ich nicht nur meine Gartenerlebnisse mit Ihnen geteilt, sondern auch Momente des Innehaltens und der Entspannung im Grünen genossen. Oftmals, an einem sonnigen Nachmittag im Garten, belohnten wir uns mit einer kleinen Köstlichkeit. Ein solcher Moment des Genusses ist mein Pflaumenkuchen – ein Rezept, das ich über die Jahre perfektioniert habe. Als Dankeschön für Ihre Begleitung auf meiner Gartenreise möchte ich dieses Rezept exklusiv mit Ihnen teilen. Möge es Ihnen ebenso süße Momente der Freude bereiten, wie uns.

Viel Spaß beim Nachbacken und Genießen!

Pflaumenkuchen mit Streusel

Vorbereitungszeit: 20 Minuten, Backzeit: 45 Minuten

Zutaten

Für den Boden und die Streusel:

- 200 g kalte Butter
- 200 g Zucker
- 400 g Mehl

Für den Belag:

- 700 g Pflaumen (entsteint)
- 4 EL Zucker
- 2 EL Zimt
- etwas Butter

Zubereitung

1. Den Ofen auf 180 Grad Ober-/Unterhitze vorheizen, Boden der Springform (26 cm) leicht mit Butter einfetten oder mit Backpapier auslegen.

2. Für den Teig von Boden und Streusel 400 g Mehl, 200 g kalte Butter und 200 g Zucker mit dem Handmixer vermengen. Der Teig sollte krümelig bleiben. Nach dem Vermengen in den Kühlschrank stellen. In der Zwischenzeit die Pflaumen waschen, aufschneiden, entsteinen und halbieren.

3. Etwas Butter in einer Pfanne schmelzen lassen. Die Pflaumen hinzufügen und mit 4 EL Zucker und 2 EL Zimt bestreuen. Kurz karamellisieren lassen. Ca. 2/3 des gekühlten Teigs in die Springform geben und gleichmäßig am Boden festdrücken. Dabei sicherstellen, dass es keine offenen Stellen gibt. Die karamellisierten Pflaumen gleichmäßig auf dem Teig verteilen. Den restlichen Teig als Streusel über die Pflaumen krümeln.

4. Den Kuchen in den vorgeheizten Ofen schieben und 45 Minuten auf mittlerer Schiene backen.

5. Abkühlen lassen und genießen! Ein Klecks frische Schlagsahne rundet das Geschmackserlebnis perfekt ab.

Über die Autorin

Andrea Klimke-Hübner wurde in Hamburg geboren und hat sich auf eine Reise durch Deutschlands schönste Ecken begeben – vom malerischen Bodensee über das quirlige München und Berlin bis hin zu den sanften Hügeln des Taunus. Heute verbindet sie das Beste aus zwei Welten, indem sie zwischen einem charmanten Reetdachhaus an der rauen Nordsee und ihrem heimeligen Rückzugsort im Taunus pendelt.

Mit über drei Jahrzehnten Führungserfahrung in Marketing und Kommunikation eines internationalen Unternehmens hat sie eine breite Expertise und ein tiefes Verständnis für effektive Kommunikation entwickelt. Diese Erfahrungen, gepaart mit ihrer Liebe zum Schreiben, haben sie dazu inspiriert, sich auf ihre Leidenschaft für das Schreiben zu konzentrieren und ihre Gedanken und Erfahrungen mit einem breiteren Publikum zu teilen. An ihrer Seite, sowohl im Garten als auch in der Küche, sind ihr geliebter Mann und ihr treuer Rauhaardackel. Gemeinsam entfalten sie ihre kulinarischen Künste, wobei Kochen und Backen zu echten Herzensangelegenheiten geworden sind. Die Natur ist nicht nur Kulisse, sondern Lebenselixier. Die Drei zieht es hinaus, wo und wann immer es möglich ist, um in der Natur aufzutanken und Inspiration zu sammeln.

NOTIZEN

NOTIZEN

NOTIZEN

NOTIZEN

www.ingramcontent.com/pod-product-compliance
Lightning Source LLC
LaVergne TN
LVHW010358160826
845677LV00005BA/1303

* 9 7 8 3 0 0 0 7 7 2 0 5 4 *